POÈMES ÉCOSSAIS

First published in 2022 by Blue Diode Press
30 Lochend Road
Leith
Edinburgh EH6 8BS
www.bluediode.co.uk

All rights reserved. No part of this book may be reproduced, stored in a retrieval system, or transmitted in any form, or by any means, electronic, mechanical, photocopying, recording or otherwise, without prior written permission from Blue Diode Press.

Poems copyright © Paul Malgrati.

The right of Paul Malgrati to be identified as author of this work has been asserted in accordance with Section 77 of the Copyright, Designs and Patents Act 1988.

ISBN: 978-1-915108-03-6

Typesetting: Rob A. Mackenzie.
text in Pilgrim LT Roman.

Front Cover Art: *escultura de un tamborilero en burgos*: Adobe Stock/Uzkiland.
Back Cover Art: Shutterstock/ZZTop1958.
Cover design and typography: Julien Marsault & Rob A. Mackenzie.

Diode logo design: Sam and Ian Alexander.

Printed and bound by Imprint Digital, Exeter, UK.
https://digital.imprint.co.uk

POÈMES ÉCOSSAIS

Paul Malgrati

Blue Diode Press
Edinburgh

Tae Julia

Contents

ROMANCE

11 Pas de trois
12 Sainte
13 Afore a nicht oot
14 Uppergait
15 Tae ma Dundonian jo
16 Eden-Upon-Tay

ALLIANCE

18 Forêt de Fontainebleau
19 Forêt de Montmorency
21 St Germain-en-Laye
22 Calais Harbour
23 Leith Harbour
24 Falkland Palace
25 Holyrood Palace
27 Loch Leven
28 Fotheringay

APOCALYPSE

30 Siege o Dundee, c.1651
35 Drount Cathedral
37 Mk.'45
38 Upon visiting Richard Cameron's cairn
39 Belle Alliance
40 Champs-Elysées
43 Tripe
45 Last order

IDÉAL

48 Wynd Scene
49 Paintit Room
51 Beau
52 Mapamound
54 Wallace o Arc
55 Beinn Shiantaidh
56 Peat
58 "Pourquoi l'Ecosse?"

60 Notes
62 Acknowledgements
64 Glossary

Note to the Reader

The following poems were written in Scots by a native French speaker. They are not an attempt at Scottish mimicry. Nor do they belong to any recognisable kind of Scottish patois. Certainly, the result is a somewhat unusual and, in places, fickle little volume. But do not despair, adventurous reader. The notes and glossary should ease you through this book's most sinuous turns, rewarding your perseverance with a newfound *lingua franca* —the common tongue of our possible land.

ROMANCE

Pas de trois

dour waists o fiddles,
debonair, when fantoush quines
fluffer Montparnasse

***

high heels hae preeckit
her hazel divan; cancan
kink on his Mauchline cairn

***

dragstrip-the-willae
when heel-taes whirl 24
oors in Le Mans

***

she, haute couturière;
he, high kirk elder, jing bells
at St Giles-de-Lorette

***

they dinnae ken whaur
or hoo tae step in-atween
reels an bal-musette

Sainte

When berries wrap yer peelie lips wi robes
o russet bushes; when wabbit roots arouse
yer autumn weeds; ye lass, faaen fae boughs,
bespice the cep-grown, apple-ripe eve

that fire ashes hue. Yer shouders, sae blate
an blue, hae gien the birks a fleg o luve.
See them, shudd'rin, bark-free, écorché, nude
in hugs o haw. Abreist, yer breith haes blawn

oor noontide oot —beclooded, brief, tho blythe
in quick-paced psalms o elder seeds.
Tak yon gloamin heaps; they're yers tae praise,

yers an yers alane, fir yella twigs
hae grat yer hair; their tears like prayer beads—
an me, tint, faurer atween yer thighs.

Afore a nicht oot

luvebites o efternoons
wither unner tweed

souches o Lapsang souchong
sing in the storey

tirrivees o kettle hae skived
oot o mind

lust bakes shortbread
ablaw the stove

it feels like the door cuid jar an let bee bops o banter ben

Uppergait

Awaitin ablaw the archwey o luck,
chaï latte an mille feuilles
on ma tongue, fir a lass tae come ben,
a lass that Ah ken,
ben the narra terrace, past
the kenspeckle lane.

Awaitin wi fu breastit hope,
wool ower ma thumb as Ah drink
an blink, fir a lass fae oot there —oot
the worn oot wey—
tae daunder by an bide a while
in the grey-cobbelt glen.

Awaitin wi sair een on ma chair,
darjeelin leaves in ma nael as Ah
dream, fir a lass tae sail ney,
blythely vaigin
on the wynd whaur Ah hae walked an waned,
fretfully, like a Seine.

Awaitin, wabbit, ahint the stairs,
wi weary knees an broon, drookit
boots, fir a lass tae tak tent,
an show me the wey,
aboon the kirk, doon by the riverside,
in the virr o the rain.

Tae ma Dundonian jo
fae Paris

Je t'adore mair nor a gowsterie star;
je t'adore mair nor a gowan astray;
je t'adore mair nor a faain asleep;
je t'adore mair nor a Bohemian sang;

je t'adore mair nor the drums o Montmartre
wi upbeats o brangles an beaten barricades;
je t'adore mair nor a dram o sunkiss,
when the Law Hill skyres, uprisen at tea time;

je t'adore mair nor the Covenant within,
that uplifts oor mystère an maks siccar the lift;
je t'adore mair nor *la mia patria*,
fir a countra was born in the tryst o oor hames;

je t'adore mair nor a gowden ferlie;
je t'adore mair nor the lore o muirlands;
je t'adore mair nor the whirlwind ashore;
je t'adore, je t'adore, je t'adore.

Eden-Upon-Tay

Hae ye luved in the wey that we luved,
at the birk, by a quirk o oor hert,
when the mirk o the gloamin had sprang
fae balustrades we swung, tween the firth
an the glacier that loomed upon us;
hae ye, o, hae ye luved in that wey,
in the wey that Ah mean, aboon men
an their siccar defeat, aboon luvers
an their bidie-in despair o dawn;
in the wey that Ah mean, at the birk,
when we cuidnae abide by this warld
an abolisht its pride in a drouth
o messiahs an kisses ayebidin;
afore fear, an the rain, an the fall?

ALLIANCE

Forêt de Fontainebleau
18 Januar 1553
Bairnheid o Mary Stuart

Mither, dear mère; dinnae, please, dinnae switch it aff;
keep a dim licht 'tween ma lips an the daurk.
Please, dinnae —Ah wad aye kiss masel, lucid in
sicht o ma sowl, hauf-lit, afore sleep.

Mither, dear Marie —like me— dinnae turn roon an
leuk at me, parfaite an prood, in ma bed,
Stuart-like an bound fir tae reign the morra when Ah
wake fae camsterie an gowsterie dreams.

Maman, maman, maman, abide by me,
breathe wi me, stiff thro the daurk webs o pooer,
ye an yer curls, electric an wireless, sae
passée in yer pyjamas of auld queen.

Mère dear, please; bide a while an leuk at
me, yer bairn, gey bold tho
feart —fir she hears her ain sel in the gloom
an black mares a-trottin.

Forêt de Montmorency
A young man minds

Step aside in bairnheid,
that woodland,
whaur the wirds ye rode wi
hae gaun by on their bike,
lie in the shaws o lang syne.

…comme de longs échos qui de loin se confondent…

The auld greetin-willae has faaen.
But there's a gey new birk insteed,
a braggart, teenage tree,
ready to breeshle on pitches an play
five-a-side agin oaks an pines,
sweat on branches an sap on trunk,
heidphones owre the lugs o leaves,
baggie jeans on glabrous roots.

…une forêt de symboles….

The greetin willae's brakkit,
but the woodland stands still as ivver,
as thick's afore ye skirtit awa tae ken better,
as muckle's afore Rousseau bumped intae Hume.

…While o'er their heads the hazel hings…

…comme des chairs d'enfants…

…these robbers fly into the forest, and lie in wait to break upon every unguarded avenue of the mind…

> ...tout le reste du jour, enfoncé dans la
> forêt, j'y cherchais, j'y trouvais l'image
> des premiers temps.

Ayebidin boars arouse the shaw
wi tales o present tense.
They mull in cairns
ablaw the birk,
an meet yer een

...*avec des regards familiers*...

But they ken ye're nae here,
they ken the tomb is empty
an the bairn is awa,
forivver fremmit in the treeless land,
forivver spylt in the moor hyne awa,
bevvied,
deflooert,
stifelt,
unner the horses o Argyll.

...*An ye shall hae my breist like stars*
...*My limbs like willow wands*...

St Germain-en-Laye
First nichtmare

Cuid stanes ivver soar deeper than us? When we see oorsels bitin oor ain tail an holdin an holdin an gaspin an gaspin, oor tongue deep doon oor throat, in thrall tae oor ain bawheidedness, oor ain gallus pretense tae be aye better an brawer at dawn nor at dusk, in the gloamin o oor will, unable, in awe, tae scorn the noontide o their gaze —starin, starin, starin in yon hert that's ower scathed by sheeny claes, sheeny guid leuks an clumsy arteries, awaitin fir darkness an street-lichts tae pour forth in the giggle o the warld, some unco nicht, when we find oot we're but a fragment, a page aff a beuk that nivver was, some unco nicht, when sleep learns us that nichtmares are aa that's left fir tae uplift the lifts an swell, swell, swell oor ain sowl intae yon bale fires upon Ho Chi Minh toon, yon Niagaras o napalm in Eden, some unco nicht, when luve brushes the stream o life wi the nonchalance o machine guns an blaws its tide upwart, tae the delichtfu swirl o peace an plenty, flowin intae giggles o quines, gigglin, gigglin, gigglin intae the gloamin o oor will, some unco nicht, when human tongues, gaspin, gaspin, cannae find rest an grow, grow, grow deeper than stanes could ivver soar.

Calais Harbour
First dwam

#cairn   Ah mind o deid fowks doon the yird —dry banes Ah nivver kent the flesh an faces o. But Ah feel them run in me like unco whispers.

#brutish   He cannae mak sense o his restlessness. He peeps aroon but naethin strikes his een wi that uisual bitterness. He bides daft on the beach. The wind rauchles fou.

#calvin   Ah had a dwam that flocks o teuchters wad storm their maisters' Duns an burn them tae the groon afore haudin a ceilidh on guts an ashes.

#martyr   Auld Mortality bade on the back o his white cuddie. "Fine geans grow fae the yird o deid men", thocht he. He'd eat a wheen an gang his wey —skins on gums.

#stane   Rab was briskish on hame-comin day. Fidgety piece o bard o'er broon cobbles. He thocht he'd dance awa but stood still —mindin auld stanes seen past.

#climax   Iùlach, fèilheach, feadanach, làidir, seasmhach, buan.

#anticlimax   Ils remarquèrent sur mon front une goutte de sperme, une goutte de sang. La première avait jailli des cuisses de la courtisane. La deuxième s'était élancée des veines du martyr.

Leith Harbour
19 August 1561
Mary Stuart lands

Let me luve ye like hame, will ye? new land that's grown wild
intae me wi sharp, ill-manly bliss an staunch, hard,
yet delichtfu howps that godly virr rove here.

Are ye mine, unco patrie? Yer port an cranes hail
ma leal name as Ah step forth ashore, by the loud banks
o yer firth, which seem a croonation robe, roch an tidal.

Can ye feel yer black faem on ma kneecaps deep, swirlin
up an kissin ma back wi sweet whiplash? Peebles bounce
on ma banes an Ah fear, yet encore, that lust winna last.

Let me luve ye, will ye? Ah'd aye melt yon croon, spittin
on its jools, fir tae live up tae ye, wi faith, force,
an yon souch up the hills that blaws intae meek lugs.

Be ma mither nouvelle, will ye?
Birth me dear, afresh, an lull,
wiser, ma skyscrapin airt,
but dinnae, please, dinnae leave me lane on sair queenly surfs.

Falkland Palace
An auld man minds

Fir the stout oaks o Falkland
birl loud in the jardin
whaur De Guise, gauche, keen
on her ain gleg majesté,
had cast the countra's dice
wi thorns o gowd, rust,
an morte dwam.

When we, young, ettelt tae chew
a rouge tongue, wi romance zests
an roch spit, aboon the land
that fasht in yirldy thirldom, we
sure saw, beaux in blae-soie breeks,
the end snatchin its isle fae oor
élanced continent.

But still, she wadnae yield; her patter bâtarde high
o'er godly tooers, aluif an alexandrine, roosed
oor virr wi rêveries o unco suns —yon souch
o Sehnsucht, lust amang auld trees, an mitherlike smuirs.
We'd follae her fir aye, à jamais leal, at hame
wi vain whigmaleeries that barkit odes at eve.

Fir the stout oaks o Falkland sprang, lyric; an we,
abeich bourgeons, sippin their creole sap —readit
oorsels tae dreep upon the yird, amère an poor.

Holyrood Palace
Saicond nichtmare

When radge dugs brak their airns an flee awa tae hinder farms, ye see them rin ower the countra, here an yonder, mad-like. Suddent, they stop an leuk sideweys wi ragglish dreid, fire in their een; they are like elephants that gie a last keek 'roon the desert afore tae dee—

> Rizzio —dear deid!
> Mind the nicht we spat
> psalms at hollow moons,
> doon by Linlithgow.
> Mind ye oor drouthie sowls,
> howling lines by Christ
> Maldoror —yon French
> queershaped worricowe,
> teacher o gowden doom.

—they bark, yin by yin, bellochin like hungry bairns, like woondit cats on ruifs, like lasses in labour, like deein men wi plague at the hospital, like the bonnie souch o a quine

> Lautréamont! Thrawn
> enfant terrible, wi loud
> mares an muckle sea
> eagles in his sleep.
> Mind ye hoo unco
> palaces leuked upon us,
> hoo, disairmed, we quaked
> afore yon quair tae bloom.

—they bark at the northern stars, at the suddron stars, at the wastlin stars; at the muin; at the muckle, stanyleukin bens that bide in mirk; at the cauld haar that bruise an burn their nosethirls; at the wheesht o the nicht; at thae snakes that shake in heather wi shooglie skin an grindin teeth; at speeders that hang wi lang legs; at corbies that cuidna find food the day; at craigs on banks; at the faint cruin o swaas; at muckle fish that show their backs in black; at men that made dugs slaves.

Loch Leven
Saicond dwam

#martyr	Lang syne Ah thocht Ah wis masel. But Ah wis lost. Ah walkit aa the Byres Roads o Scotland tae put ma neb in a Lallans pit — couthie an dusty at dusk like sair fingers on an acrid cross.
#henparty	The quines are gallus in the gloamin. Ye hear them lauchin an lauchin an souchin aa the wey up fae Markinch as they slice Empire biscuits aboon the Lomond hills.
#flora	Bu chòir dhomh a bhith air crom ramhar Waverley a ghearradh.
#gals	The quines hae musselt up. Airms o airns wi silvery nails. Their push-ups blaw the wind doon tae Dunkeld.
#sorority	Witches hae sworn the Covenant o quines. Fae corbett tae corbett they'll burn ilka warlock an free ilka covent.
#hochmagandie	Twa quines had sex on the banks o Loch Àrd. They piped sae lood that pair Morris wis wauken fae the deepths o his sloom.
#cuttysark	Tap o the ben. She shrieks like a fury. Her black throat mirks her teeth, gaped-wide, eternal.

Fotheringay
8 Februar 1587
Mary Stuart on the scaffold

Au revoir forfochten fancy an far espoir;
au revoir ye barren, malagroused cri de coeur;
au revoir syne, dreich défaite Ah foresaw in fricht.

Drap by drap, the burn o ma dwam
ootran the bed that Ah swam.

Au revoir Rosyth-en-Berry an Blois-sur-Clyde;
au revoir Kilbride-en-Provence an Tour-upon-Tweed;
au revoir ye sonsie marshes o dreamdoms dear.

Clood by clood, yon lifts aboon loss
ootlicht a kiss on ma cross.

Au revoir ye rauchle hame whaur Ah thocht Ah cuid;
au revoir ye trauchelt heid that aince again shuid;
an adieu, och, muckle hert that fir iver wuid—

Blade by blade, the edge o ma bliss
blossoms atween thistle an lys.

APOCALYPSE

Siege o Dundee, c.1651
Wi reference tae 'Fast Eddie' —Dundee's last worthie

The Howff awauks aneath the final leaf
o the last winterous tree. Counsel bins
hae bowkit aa their Stagecoach receipts,
bewhirlin 'roon the graveyird reid wi cheap

Macdonald coupons on their backs. Black Banes
o lang deid toonsers ootcrop wi swaggerin
virr (they wad hae stirred some buzz, lang-
syne, but naeb'dy's left fir tae tak tent).

Close, at the gait, the greetin o guns is astoondin.
General Monck's rockets hae kicked the MacManus
—blastit open— as Rabbie's heid and Victoria's

breisties roll doon the crimson stairs
in grim-like whigmaleerie. Dundee, the day,
is a bald quarry —an nae tree's left tae bide.

***

The Law is a daft bairn that's lost its bonnet
in a raid: the Memorial's faaen the day
but naeb'dy minds; fir past an present are gaun
an ainly madderam abides in toon.

See —the lads o Montrose mak their last staund
an fire their DEW at the DCA
(the roondheids' HQ) whaur Inglis Quakers
are watchin NBA atween twa blasts.

See, yonder, Dundee Uni shelters twa IT
doctors. They scrieve in binary tae prove the dooble
predestination is algorithmically

soond, sendin zealous emails wi plenty
Cc but nae Bcc —fir they ken they cannae
hide their herts fae God on Cromwell.com.

***

This efternoon, anither missile's wrackit
the Owergait —the hail mall's heilster-gowdie
wi Starbucks milkshakes in Debenhams bras
an Bobby Broon brushes in Sportsdirect snorkels.

There's e'en a pile o Tui postcairds crusht
by a squad o rollin baked tatties fae Fehv
Guys, rollin an bouncin on Lush bath bombs,
an Primarks breeks, an Tapman's tailor dummies,

rollin an bouncin unner ondings o condoms
oot fae Boots, an yon crood o stairvin seagous
fechtin fir bings o cookie crisps, coffee-

-cups, braidbands, bricht purple plugs,
O2 4G 5Ss, an guts o gaffers
wha wadnae flee a mall unner siege.

***

Ootside struts Fast Eddie —harmonica
daftie an ayebidin gaberlunzie.
He daunders by, atween debris, his tune
in mooth, syne kicks the heid o Despairt Dan

—mad-like— intae the Caird Haa Colonnade.
"Anither brick in the waa", Eddie lad brags.
The square is his —gallus, sonsie busker!
alane amang shrieks an grue an gloom;

he kicks aboot an blaws his tune —heel-tae—
Eddie dances —heel-tae—dances awa,
intae the haar o toxic gas that raxes,

aneath the hail o mortar shells that waltz,
Eddie dances —heel-tae— dances apairt;
his harmonies are grenades in the cranreuch o war.

***

Upstairs, in the crummlin steeple, Dundee coonsil
his gaithert. Gut-feart baillies, they ken
their end is near. Monck is comin! Roondheids
are rammin agin the door! The toon's a desert,

a coupon, a blank page, a wrackit utopia!
But time is left fir a last —hopeless— tryst.
A last-minute reconstruction chart.
A cooncilor's dream! a post-war renaissance!

"Wheesht!" they say —"Hearken tae the Provost's plan:
a Brutalist, Le Corbusist, béton-
holic, Kumaian, criss-crossit, bald

square-gane, car-pairked, bingo-
perkit conurbation!" —"Hear! Hear! A toast,
braw gentleloons! Gie's a tart o concrete!"

***

Doonstairs —slauchter— bluid an grue in the best
Scottish brew. Lo! thae bings o bodies
in the Malmaison 'tween malagroused McEwan's
cavaliers. Lo! thae bemangit bairnies

stumblin thro moors o stumps on Union Street.
Lo! thae scathed quines, nailed an impaled
on the Mercat Cross. They shriek an eldritch cruin
that minds o wives gaun aff the rail tae join

yon anon crood o quines, alive tae dree.
Aawhaur, soothern sodgers are mirthfu wi murther.
Bluitert tae the bane, they burn, an grind, an butch,

an scramble, an reive, an rape, an slash, an mangle.
High up, on taps o tanks, they share clips
an close-ups o their mess on tae the Dark-Net.

***

Doon by the beach, intae the pooder o the nicht,
flickers the wreck o a bow-bent craig o concrete.
Its cliff-edges hae crummelt doon the firth
—bombed tae bits—wi quirky cargo scaittert

on the banks. A temp exhibition, it is,
as fantoush debris an fashionable splinters,
tartan rags an tweedy coupons twirl
an curl roon the weet driftroom o Charles

Rennie Mackintosh. The orra biggin
mourns its pomp —gallus nae mair— an sinks
slowly intae the daurk flood. Machine

guns mutter in the gloamin. Their souch
knells on hills an thaws intae psalms.
Sepias o piety drip in the riverbed.

Drount Cathedral

Poem inspired by Claude Debussy's prelude, La Cathédrale Engloutie (1910)

Ken that kirk in yer hert,
deep ablaw the yird o ye;
fathom an feel its organ
unner the quiet archivolt,
faur back,

in the cranreuch o yer bairnheid,
when yer maw grinned at ye thro the haar,
ayont the firth an the tangible moor,
there, yonder, in the parlour,
where elders shivered o ayebidin wae,
afeart an childless
in the white een o divinity.

Can ye hear

their tears on the stained-glass,
their forte at the bottom o ye,
their drops in the font o yer beginnin?

Can ye hear

their prayers of no avail,
their weet feet on the triforium,
their sleekit moans in the manse?

Can ye hear?

syne slump alang an slip
ootside, atween the cauld bales o the nicht,
wi the goosebumps o yer thighs burstin
fir a truth, or a luver, or a star, or a cause,
or a young virtue,
or juist a quick daunder roon an roon the yaird
whaur yer neeboors bide, abide
an sleep sleep sleep
sleekitly, seecretly
in wintry beddins.

Mk.'45

Fly, syne, an let us heal thae scars o springtime
that still scathed ye sair, yestreen, on the strip. Fly
'fore midwinter ushers ye ben, aye again, fir the last time.

Up, upby, voltigeur; nae landin forrit;
yon biplane is pipin het an twa crew cheer
fir yer rebel roses; sae gang ye, an wire high.

Ah'll bide here, bauch, 'tween wabbit wrecks grown dear;
Ah'll see them aff, the wey ye'd whisht: stout, swift,
wi the wings ye aince spread an their leal ailerons.

Syne, sure, Ah'll sort yer morse an mend the bygane stars
ye had soucht sae clear; Ah'll fix them, aye, upstairs;
syne Ah'll steek up yer cockade, upfront, an Ah'll greet.

Upon visiting Richard Cameron's cairn

Haunds jyned abreist the cairn, ower by
Airds Moss muir; drookit, denim breeks whaur
Christ's zealots knelt and fell; I ettle
high, ney, inby, fir yonder truth that
dang crooned heid yins doon; fir yonder
wird turnt tae flesh in Sanquhar.

Saints souch roon ma hood an Ah feel at the peep o ma youth,
here, whaur the bowsterous tirrivees o man's faith are still
sweet, siccar, an dearly echoed by the martyr's amour. It is
noo, here, that Ah maun owercome aa thae craves o the yird an their
hairs, horns, smuirs, scars, kisses an middens an howes. It is
noo, here, that Ah cuid owerthraw; an Ah wuid, aye, Ah wuid,
ach! Gin Voltaire didnae crouse in the pangs o ma psalm.

Belle Alliance

Napoleenian loon,
lunar, wi the lift
up yer wyliecoat
an stushies o stars
doon yer redingote;
Mind thon épaulettes,
aloof on tail-
ends o comets?
An thon shrapnel,
that the licht an ye
alane cuid see
faa roon yer woonds,
an yer smile, bicornic?

Ye breathed the reek o dowie Waterloos,
wi cuirassiers in brasiers an Scots Grey cauld,
mauchit in mirk. Mind their brent carcasses on bayonets
o dragoons an *jägers* that gallopit yet, on the braeside
we met, an aince thocht that we micht—

But deid huifs fell
yer muin, an oors
were but the esh
an the lost 'oors
o driftin isles.

Champs-Elysées

> *Ah, ça ira ! ça ira ! ça ira !*
> *Les aristocrates à la lanterne !*
> *Ah, ça ira ! ça ira ! ça ira !*
> *Les aristocrates on les pendra !*

'Ah ça ira!'—t'was whit they said
the last risin o Misérables
agin the rotten rottans' rale,
—yon scunn'rin crew—
that'd sell awa Marianne
fir Darien shares.

> *Ah, ça ira ! ça ira ! ça ira !*

Gilets Jaunes! We are the highly
visible —the highly vigilante.
We're the mass, the pleb, the sea,
ootwi the Périph'.
We're the tide, the braw canallie,
north o the Kingswey.

We're the kelpies o the East End,
we're the kilted an sans culottes,
we're the covenanted jacquerie,
we're aa the angels
o terror, tearin doon thrones,
fae Elysées tae Holyrood.

> *Ah, ça ira ! ça ira ! ça ira !*

Ma granda grat yestreen;
he leuked at me wi een
o wae; his wabbit banes,
forfochten build, had gien
wey tae whirlin seas
o smeddum faain free.

Ah, ça ira ! ça ira ! ça ira !

He stared wi godless trust
that sowl amoonts tae dust,
but wi yon sparkle, still,
that crackt ootfae his shrill,
an that Ah kent —an sae
did he— wad burn awey,
awhile in me, afore
tae smuir on yonder shore:
obliviouns' marshes whaur
his gallus days an virr,
his muckle builder's paws,
the Paris tooers an waas
he'd built wi his bare limbs,
birl doon intae the dim,
mirky rushes o faem-bent tides,
unmindful, roch, ayeswirlin rides.

Ah, ça ira ! ça ira ! ça ira !

Flashes o Nikons on telescopic
batons —hoodit bodies wi stanes
at handpoint, nebs in hankies,
until greet-gas
spreads intae tongues an throats an lungs,
wi sair delicht.

The boulevard bursts unner cops.
A wheen o Gilets bide fir the last
brawl o the day, syne flee awa,
'tween souchs o boots.
A grinnin silence has set in dusk,
Nae pigeon coos.

Tripe

Doon on the kitchen flare,
her taes on tiles,
an meat juice 'lang her heels,
her guts bloated by absence,
when aabodie's turned aff
an she bides her bore by flingin

TRIPE

on the bathtub braw,
that's ower clean for the mirky
mortals o their ilk,
ower pure fir their pride,
that she'd jam doon the sink
wi glorious

TRIPE

on her new laptap,
that reeks o sonsie emails
open tae rot in the big data
warld o couthie filth,
ahint a screen o

TRIPE

on the waa-paper that maun change
ilka decade tae look fab when their step-
-brithers that work at Barclays
come tae boast aboot their classy pairs o

TRIPE

on her hair, on their cat, on her een, on their car, on her
neb, on their glass, on her lugs, on their grass, on her chin,
on their dyke, on her broos, on their pals, on her jaws,
on their boss, on her thighs, on their cash, on her knees,
on their cops, on her paps, on their crown, on her sex, on
their god, on her back, on their will, on her tongue, on
their virr

that miss the muckle taste o

TRIPE

the rotgut o the yird,
the lust o the wame,
the scunner o the douce,
the delicht o the tink,
the mak up o the quine
that spits on queens an sprays her hoose wi

                                        TRIPE
                                              o kings.

Last order

creator!

crack me open
like a jar o kindness

brew ma breeks on the bar
—ma sark ajar wi a kiss o ale

stir me thro
reid-faced
an craft me again
in draft eau-de-vie

then pour me hauf an hauf
doon the nethergait
an let them drink ma dregs
heilster-gowdie
on the last supper.

IDÉAL

Wynd Scene

Like bairns,
pretending tae be men,
the clouds
are gleg an grey an dynamite
they gang gallus
tween the Tay an the toon
an they pish doon the dykes
whaur a little lass
bun on trackies
eats a munchy box
o dreams.

Paintit Room

Wi reference tae Paul Lafargue, author o The Right To Be Lazy (1883)

Bairn-like, across Tesco Extra,
see them:
drap efter drap o their hert,
hatin themsels fir sellin their
lust an laze.

Cashin up their wrinkles
on the till o adultheid,
they ken time's up
an wheels hae parked on the playgroon.

Drap efter drap they
ken they've sold their efternoons
an their saund pehs
fir short nichts o plenty
an fast-faded dreams.

They ken they've sold the sun,
dart efter dart,
an lea lands that grew,
joy efter joy,
in their past rebellions.

Ah cam back tae the saundpit,
o'er late, weary efter extra
time. Ah found Paul Lafargue
in a dwam an shook his haund
an kent ma richt. Ah folded the auld
banner for the eicht-oor day eicht-
oor rest an eicht-oor sleep
an speirt fir the day an grat.

Syne he teuk me hame, netherward,
an we paintit a room an sat
an smoked the pipe an had a blast
an lazed in the face o malls an dargs.
At dawn, we killed time in a dash,
an sang, joy efter joy, until
until until—

Beau

Tak an aff-beat breath
      an figure me
      proper   unco
            beau
      like monstrous gallops
      of Alpine ballochs.

Wad ye read me still?
Wad ye ettle?
          Whit if ma body greened
                  an ma sindert tongue blent?
          Whit if Ah spake the de'il's oration
                ower yonder climb?

Let me try:

"*Je suis la beauté* spewin
 a v a l a n c h e s
 waterfaaaaas
 an watergaaaaws;
ayeways *déshydratée* fur lack o moon bluid.
Ah wad *décapiter* dés | sires fur nane can match the mirk
an *majesté* that maun prevail in us aa fur tae find MOI,
the true QHAT?! an WATT o the warld: *la beauté absolue*
 a b s o l u t e l y
illegitimate, AYEways AYEbidingly haphazard—
 a l l e v o l i e—
an yet *toujours* yer merciless queen."

Mapamound

```
    The swaws
           gowden
        hellish      o'er
     waas     flock           BEN
      gaun      o faem          MICKMARRA
       west ward     like                    burst
        wauk       yowes
       the giant         that baa
        o WORMIT.        the          in reid
                         whirlwind        an
                         o deid              acrid
                        suns
                        intae
                         ma                  time
                        stew.             fir tetherin
                                      masts
                                     in
                                   blate
                          arabesques  flashes
                           o pain      o tactless
                              as        luve
                             lang           the sort o
                             as
                            that   a mornin
                           radge      parritch o
                      bus                 stars
                      tae                aroon
                   CARNOUSTIE             yer
                    efter yer            cheap
                    umpteen            Borsalino.
                    shift.
```

```
                                                BALMERINO
            the trauchelt                         blaws
    doon            train                       la marée
      drouthy          upon Tay                an dings
           an             that trysts           the bell
          dour              fir the          tuttie-tattie
         on            sax p.m
      craigs       tide
         richt       on




    feats
             that    Ah forgot
       grow     cannae    the morn
      efter        thole       Ah left
   a seelent     the lang          ERROL
      tea         lines    'oors         in a Cross-Country
       o postgrads        in                    carriage
         on              orgiastic              crammed
        the dole.       LONGFORGANS.             wi craws
```

Wallace o Arc
A queer sonnet

At stake, in war-cried noons o quarters past,
they lure ma watch wi watergaw-bewasht
ambuish. Their huifs, aloof, entice the route
tae auld Orleans — yon drawbrig their moustached

satyr o maidenheid cuid force — an Ah
wad fain find them an ride alang, were Ah
nae feart tae hug their schiltron o horns.
Ah'll bide here, syne, an let their beauty gang.

See —they rise up yet, wi eldritch panache.
Fantoush pastiche, their sonsie miracle
relichtens faith in ma patrol. Ah'll bide

alert, ma watch awauken, nae fir faes
but ferlies queer; the likes Ah'd kill
tae keep in sicht, fir they're the kythe o grace.

Beinn Shiantaidh
The third pap o Jura

Gracious, as tho hail haars had shoogelt
them but tae bewhirl, higher, thochts that
tarried in aluif, benmaist, glenbound
clashmaclaivers; they, braw an raw up

bensides, thro bigane, betrackt bivouacs
an roch peatbogs heartfelt, sprauchled
tapward, ontae pure, freer paps —yon
red domes whaur stouts rove on stanes. Fir

they, fae their ardour, kent new piths cuid
breest in the queer azure, new virrs an
virtues in the hard-high hail that kisses

cnocs. Fir theirs were winds, snaws, an odes, theirs
wonders o a kind dour an dearer,
theirs the camsheuch, awesome mound that carols.

Peat

aux flancs intranquilles des prairies,
embrouillées de ratures laineuses,
les enfants verdâtres des pâtures
échoient l'algorithme d'un présent;

vent contre tempe et faim contre ventre,
enneigés d'agneaux froids, s'évertuent
les enfants verdâtres des pâtures
à courir les ruisseaux moutonneux:

avance awa! the burn o luve
ootgrows the bairnish, ooen brae,
atween bothies lang burnt —wede awa!
aux flancs intranquilles des prairies,

s'ébroue l'algorithme d'un présent
avance yer wey —ye peaty sense,
that kens the wood o fiddles crackt,
ablaze, wi auld sangs smirrin spines;

pâtures des enclos courroucés
sous les lainages blancs de l'errance,
vent contre tempe et faim contre ventre,
mind ye the ooen croon o the brae;

géométrie des terres du nord,
équerre de brume et de crachin,
that kens the wood o fiddles crackt
sous les lainages blancs de l'errance;

car ce soir les agneaux aux flancs roides,
par les torrents torves de l'hiver,
accourent les ruisseaux moutonneux,
atween bothies lang burnt —wede awa;

et l'enfant verdâtre des pâtures
ablaze, wi auld sangs smirrin spines,
a secoué de ses joues le malheur,
un violon de tweed sur les lèvres.

"Pourquoi l'Ecosse?"
("Why Scotland?")

Gey fasht on bistro seats, wi cups o grand cru
an whys aroon their lips, they speir hou come
Ah drapt ma tongue in cauld, oat pale ale—
hou come Ah forsook faith in boulevards
whaur Hausmann raised oor gless, lang syne.

If ainly Ah cuid cry in bricht, Boileau-graped guise,
the wey Ah fell sae high amang yon barley brae.
If ainly Ah cuid tell wi wirds o yestereen
yon dwam that bides ayont, in measures o shebeen.

But nouveau Ah belang

                here,

hauf an hauf in cracks,

                crafts

o hame an drafts o place,

                hill-

taps whaur Geddes slept,

                slipt

an Grieved in sauterne malt

                tween

flutes an tassies, graals an drams

        come true.

Paris, 27 December 2019

NOTES

In **'Forêt de Montmorency'**, quotations are drawn from (in running order) Charles Baudelaire, (1857), 'Correspondances' (l.5,3,9,4); Robert Burns, (1788), 'The Birks of Aberfeldy', David Hume, (1758), 'Of the Different Species of Philosophy' in *Essays and Treatise on Several Subjects*; Jean-Jacques Rousseau, (1782), *Les Confessions*, Partie II, Livre III, "Deep into the wood, I spent the remainder of the day where I searched and found the picture of beginnings"; Hugh MacDiarmid, (1926), 'Oh Wha's the Bride' in *A Drunk Man Looks at the Thistle*.

'Calais Harbour' includes quotations from (in running order) Alexander MacDonald, (1751), 'Moladh air Sàr-Bhod' ['In Praise of an Excellent Penis'], 'as big as a bagpipe chanter, firm, long-lasting, eternal' ; and Le Comte de Lautréamont, *Les Chants de Maldoror*, (1874), 'Chant Troisième', 'They noticed a drop of sperm, a drop of blood, on my forehead. The former had sprung from the thighs of the courtisane. The latter had rushed from the martyr's veins'.

In **'Holyrood Palace'**, stanzas in italics are translated from Le Comte de Lautréamont, (1874) *Les Chants de Maldoror*, Chant Premier, 'Alors, les chiens rendus furieux [...] et contre l'homme qui les rend esclaves'.

'Siege o Dundee, c. 1651' is an anachronistic depiction of General Monck's 1651 storming of Dundee. This infamous event in Dundee's history resulted in the slaughter of one third of the city's population.

Richard Cameron (1648-1680) was a Presbyterian preacher, rebel, and martyr. In June 1680, he co-wrote the antiroyalist, near republican Sanquhar Declaration. One month later, he was killed at Airds Moss by the authorities.

'Champs-Elysées' features excerpts from 'Ça ira' (1791), a famous French revolutionary song.

"Pourquoi l'Ecosse" includes references to Georges-Eugène Haussman (1809-1891), French architect famous for building Paris's boulevards; Nicolas Boileau (1636-1711), French poet, critic, and classicist; Patrick Geddes (1854-1932), Scottish reformist, architect, and Francophile; C. M. Grieve, alias Hugh MacDiarmid (1892-1978), Scottish poet and leader of the Scottish 'Renaissance' movement.

Acknowledgements

First of all, I would like to thank my publisher, Rob Mackenzie, for believing in my work and allowing my book to see the peep of day.

Thanks as well to the following journals and editors, who first featured these poems: 'Afore a nicht oot' in *Gutter*; 'Upon visiting Richard Cameron's cairn' and 'Sainte' in *The Scores*; 'Fotheringay' in *Poetry Scotland*; 'Tripe' in *The Poets' Republic*; 'Forêt de Fontainebleau' and 'Eden-upon-Tay' in the *Edwin Morgan Poetry Award Pamphlet* (Edinburgh, 2020); 'The Siege o Dundee, c.1651' in James Barrowman (ed.), *Dostoyevsky Wannabee Cities, Dundee* (Manchester, 2019); 'Paintit Room' in Jim Mackintosh (ed.), *The Darg: Poems in Tribute to Hamish Henderson* (Edinburgh, 2016).

I also wish to express my sincere gratitude to the following poets and writers, who took the time to read my work and provided me with indispensable feedback. These include Robert Crawford, Kathleen Jamie, John Glenday, David Kinloch, Harry Josephine Giles, Willie Hershaw, Colin Bramwell, Stewart Sanderson, Tom Hubbard, Cailean Callagher, Amy Westwell, James Barrowman, Thomas & Sara Clark, Kenneth Fraser, Ann Bridges, and Benn Brown.

Thanks also to my dear old French friends who inspired and encouraged me to write poems all those years ago: Ariane Issartel, Lucie Chenet, Marion Chantegay, Vianney Griffaton, Pablo Piette.

Moreover, a very special kind of acknowledgement is due to my Scottish kith and kin, who, whether they knew it or not, helped me gain confidence speaking and writing in a tongue which was not my mother's. For their witty blether, rousing patter, and leal trust, I would like to thank my dear friends, Scott Taylor, Rebecca Munro, Duncan Mitchell, and Ashley Douglas. I would also like to send my most heartfelt thanks to Julia, 'My Dundonian Jo', whose love heralded my Scottish adventure almost ten years ago. This word of thanks is of course extended to her wonderful, hospitable, and ever-supportive family: Ian, Kathryn, Anna, Granny Kitty, Auntie Joan, Auntie Eileen, Auntie Norma, Uncle Dave, Auntie Sylvia, Uncle Jim, and all their children.

Finally, I would like to thank my brother, Hugo, and my parents, Agnes and Gilles, for their eternal support and for waking me first to the beauté of language.

Glossary

Abeich: aloof
Ablaw: below
Aboon: above
Afeart: scared
Ahint: behind
Ain: own
Aince: once
Airn: iron
Airt: direction
Allevolie: at random
Atween: between
Ayebidin: eternal
Ayont: beyond
Bairn: child
Bairnheid: childhood
Bale: fire
Balloch: mountain pass
Bane: bone
Bawheidedness: stupidity
Bemangit: injured
Belloch: bellow
Ben: inside
Bidies-in: partners living under the same roof, married people.
Biggin: building
Bigane: bygone
Bing: heap
Birk: birch-tree
Birl: whirl
Blate: shy
Bluitert: drunk
Bothie: mountain hut
Bowk: vomit

Braeside: hillside
Brangle: wrangle
Breeks: trousers
Breeshle: rush
Brent: burnt
Bresit: breast
Camsheuch: distorted
Camsterie: wild
Canallie: rable
Claes: clothes
Clashmaclaiver: idle talk
Clood: cloud
Corbie: raven
Couthie: sociable, comfortable
Cuddie: horse
Cranreuch: hoar-frost
Croon: crown
Crouse: guffaw
Cruin: humming, moan
Daunder: wander
Deflooert: deflowered
Dang doon: took down
Douce: soft, sedate
Drap: drop
Dree: suffer
Drouth: thirst
Dwam: daydream
Een: eyes
Esh: ash
Ettle: aim
Faa, faaen: fall, fallen
Fae: foe
Faem: foam, sea
Fantoush : over-dressed, flashy, flamboyant
Fash: worry
Faurer: further

Fecht: fight
Fehv: five
Ferlie: wonder
Fleg: fear
Fluffer: flap
Forfochten: exhausted
Forrit: forward
Fou: drunk
Fremmit: foreign
Gaberlunzie: beggar
Gaffer: headman
Gallus: bold
Gang: go
Gloamin: twilight
Gowan: yellow wildflower
Gowd: gold
Gowsterie: boisterous, vigorous
Greet: weep
Grue: gore
Haar: sea mist
Haund: hand
Heilster-gowdie: head-over-heels
Howe: hollow
Hyne awa: far away
Ilka: each
Inglis: English
Jools: jewels
Keek: look
Ken: know
Kenspeckle: familiar, conscpiscuous
Kythe: appear, sign
Lea: untilled ground
Leal: loyal
Lifts: sky
Madderam: folly
Mair nor: more than

Malagroused: dishevelled, wounded
Marshes: borders
Mauchit: muddy
Midden: dirty mess
Mirk: mud, dark, darken
Muckle: much, big
Muir: moor
Murther: murder
Nael: navel
Neb: nose
Neebor: neighbour
Nosethirls: nostrils
Onding: rain shower
Ooen: woollen
Oors: hours
Orra: odd
Pair: poor
Pap: breast, hill
Parritch: porridge
Peelie: pale
Peep: opening
Qhat: what
Quair: book
Quine: girl, woman
Rax: stretch
Ragglish: boisterous
Rauchle: build roughly and hurriedly
Reek: smoke, stench
Reid: red
Reive: Plunder
Roch: rough
Rottans: vermin
Sair: sore
Sark: shirt
Scathe: hurt
Schiltron: spear wall, phalanx

Seagou: seagull
Shaw: small wood, thicket
Sheeny: shiny
Siccar: secure, sure
Sinder: split
Skirt awa: flee
Skive: shirk
Skyre: glower
Shebeen: unlicensed bar
Shooglie, shoogle: shaky, shake
Sleekit: sly
Sloom: slumber
Smeddum: energy, spirit, drive
Smuir: smother
Sonsie: lovely
Souch: sough, whisper
Sowl: soul
Stoor: dust
Stushie: brawl, fight
Swaa: wave; swell
Syne: then
Taes: toes
Tak tent: pay attention
Tap: top
Tassie: mug
Teuchter: country folk
Tint: lost
Tirrivee: commotion
Thirldom: servitude
Thole: bear, endure
Toonser: town dweller
Tuttie-tattie: exclamation of impatience
Trauchle: trouble
Tryst: agreement, make an appointment
Unco: strange, uncanny
Vaigin: voyaging

Virr: energy, power
Waa: wall
Wabbit: weary
Wae: woe
Wastlin: western
Watergaw: rainbow
Weet: wet
Wede awa: carried off
Wheen: few
Wheesht: quiet
Whigmaleerie: Fanciful notion, whim
Worricowe: demon
Wrackit: wrecked
Wyliecoat: long under-waist coat
Yella: yellow
Yestereen: yesterday evening
Yird: earth
Yowes: ewes

Paul Malgrati is an award-winning poet and scholar from France, who first moved to Scotland in 2013. Between 2016 and 2019, Paul completed a Ph.D. thesis at the University of St Andrews, focussing on the political legacy of Robert Burns. This work led Paul to familiarise himself with the Scots language, which he went on to adopt as his chief poetic tongue. Paul's first poems in Scots were published in various magazines, including Gutter, The Scores, Poetry Scotland, and The Poets' Republic. In 2020, his manuscript was shortlisted for the Edwin Morgan Poetry Prize. The present volume, *Poèmes Écossais*, is an augmented version of this manuscript; it is Paul's first poetry collection.

Alongside poetry writing, Paul now works as a researcher at the University of Glasgow's Centre for Robert Burns Studies. His Ph.D. thesis, *Robert Burns in Scottish Cultural Politics (1914-2014)* is forthcoming as a monograph with Edinburgh University Press (2023). In 2021, Paul also published a French translation of Robert Crawford's experimental, long poem, *Curriculum Violette*, for the Geneva-based Molecular Press.